AF371000

CATALOGUE

D'UNE

JOLIE COLLECTION

DE

LETTRES AUTOGRAPHES

DONT LA VENTE AURA LIEU

RUE DES BONS-ENFANTS, 28

MAISON SILVESTRE

Les Jeudi 26 et Vendredi 27 Novembre 1857

A 7 HEURES DU SOIR.

Par le ministère de M⁰ **BAUDRY**, Commissaire-Priseur,
rue Saint-Anne, 69,

Assisté de M. **CHARAVAY.**

PARIS

CHARAVAY, LIBRAIRE,

EXPERT EN AUTOGRAPHES

RUE DE SEINE, Nº 53.

1857

ORDRE DES VACATIONS.

Première Vacation. — Jeudi 26 Novembre 1857

De 1 à 146.

2e Vacation. — Vendredi 27 Novembre.

De 147 à la fin.

AVIS.

Il y aura chaque jour de vente, de une heure à trois, Exposition des Autographes qui seront vendus le soir.

On aura huit jours pour la vérification des pièces ; passé ce délai, aucune réclamation ne sera admise.

Les acquéreurs payeront, en sus du prix d'adjudication, cinq pour cent, applicables aux frais.

M. Charavay, remplira les commissions dont on voudra bien le charger.

CATALOGUE

DE

LETTRES AUTOGRAPHES

1. **ACADÉMIE FRANÇAISE.** Trois lettres aut. sig.
Hugo (V.), à Anténor Joly, 1 p. in-8.—Scribe (E.), 1832, 1 p. in-4.
— Soumet (A.), 1 p. pl. in-4.

2. **ACADÉMIE FRANÇAISE.** Cinq lettres aut. sig.
Arnault (A.), 1811, 2 p. 1/2 in-8. — Daru, 1806, 1 p. in-4. —
Fontanes, an IX, 1 p. in-18. — Guizot, 1832, 1 p. in-8. — Ségur
(L.-P.), 3/4 de p. in-4.

3. **ACADÉMIE FRANÇAISE.** Huit lettres aut. sig.
Étienne, 1830, 1 p. in 4.—Lamartine, 3/4 de p. in-4 et 1 l. sig.
—Legouvé (E.), billet de 5 lignes, aut. sig.—Nisard (Désiré), 1 p.
in 8. — Sacy (S. de), 1839, 1/2 p. in-8. — Sainte-Beuve, 1 p. in-18.
— Ségur (L.-P.), an X, 1 p. in-4. — Ségur fils, général, p. aut.
sig., 1831, 1 p. in-4.

4. **ACHÉRY** (Luc d'), savant bénédictin de la Congrégation de
Saint-Maur.
L. aut. sig. au père Le Michel, Saint-Germain-des-Prés, 16 mars
1644, 3 p. pl. in-4. Cachet.
Curieux détails sur le livre de *la Fréquente Communion,* par Ant. Arnauld, et
les Maximes des Saints, par M. de Saint-Cyran.

5. **AGUADO** (marquis de Las Marinas), célèbre financier.
1° 3 l. aut. sig. Aguado ; 1841, 7 p. in-4 et in-8 ; 2° 4 l. sig. le
marquis de Las Marinas, 2 p. 1/2 in-4.
Ouvrard (Julien), fameux munitionnaire, auteur de *Mémoires.*
Lettre de quatre lignes aut. sig. et lettre et pièce sig.

6. **AMÉLIE DE BRAGANCE,** impératrice du Brésil.
L. aut. sig. s. d., 1 p. in-8.

7. **AMIRAUX FRANÇAIS.** Six lettres.
Bougainville (le comte de), l. aut. sig., 1808, 1 p. in-4. —Saint-
Haouen (le baron de), 2 l. aut. sig., 1822, 2 p. 1/2 in-4 et in-8. —
Comparaison de deux Télégraphes, p. aut., 4 p. in-4 et un traité sig.
— Villaret-Joyeuse, l. aut. sig., Port de France, 1808, 1 p. 1/2
in-4.

8. **ANGOULÊME** (le duc d'), dauphin de France.
10 pièces relatives à ses voyages dans différentes villes de France
en 1814, 1815, 1821 et 1828 : Cassagne, général, 2 l. aut. sig. Toulouse, juillet, 1814. — Partouneaux, général, l. sig. Toulouse,
5 décembre 1815, 2 p. in-fol.—Balachie, général, 2 l. sig. Arras,
novembre 1821.— Rivaud de La Raffinière, général, l. aut. sig.
Rouen, 5 novembre 1821. — Jumilhac et Defrance. Lille, 5 novembre 1821. — Romeuf, général, l. sig., 5 septembre 1821, 1 p.
in-fol.

32. BONAPARTE (Elisa), princesse de Lucques et de Piombino.
L. aut. sig., *s. d.*, 1 p. in-4. Jolie lettre.

33. BONAPARTE (famille). Sept lettres.
JOSEPH, l. sig., 1813, 1 p. in-fol. — LUCIEN, p. sig., en VIII, 1 p. in-fol. — LOUIS, l. sig., Saint-Leu an XIII, 1/2 p. in-4. — PAULINE BORGHÈSE, 3 l. sig., 6 p. in-4 et in-8. — CAMILLE BORGHÈSE, époux de la précédente, l. sig., 1812, 1 p. in-8.

34. BOSIO (J.-F.-Jh., baron), célèbre sculpteur.
L. aut. sig. Paris, 1813, 3 p. 1/2 in-4, relative à divers bustes qu'il a faits.

35. BOSSU (N.), capitaine de vaisseau, auteur d'un voyage aux Indes Occidentales et dans l'Amérique septentrionale.
1° L. aut. sig., Paris, 15 avril, 1768, 4 p. pl. in-4, toute relative à son voyage aux Indes Occidentales, pour la publication duquel il fut mis à la Bastille; 2° 2 l. sig. du duc de Praslin à M. de Sartine, 1768, relatives à la détention de Bossu; 3° compte-rendu et l. aut. sig. de *Poncet de La Grave*, relatifs au voyage des Indes Occidentales, 3 p. in-4. Dossier intéressant.

36. BOUGIS (Simon), général de la Congrégation de Saint-Maur, né à Séez.
L. aut. sig. au R. P. Laparre, 3 p. in-8.
Envoi du réglement du chapitre général de la congrégation de Saint-Maur, tenu en 1654.

37. BOUHIER (Jean), président au parlement de Dijon, de l'Académie française.
L. aut. sig. à D. Ruinart. Dijon, 26 avril 1722, 3 p. 1/2 in-4.
Envoi de renseignements pour un travail que prépare D. Ruinart.

38. BOU-MAZA, chérif arabe, fait prisonnier par les Français et amené en France.
L. aut. sig. à Mlle Martin. Ham, 10 août 1850, 1 p. 1/2 in-8.
Réponse à une demande de quelques lignes de son écriture.

39. BUONAROTTI (Ph.), célèbre révolutionnaire, impliqué dans la conspiration de Babeuf, dont il a écrit l'histoire.
L. sig. avec 4 lignes autogr. aux représentants du peuple; Port-la-Montagne, an II, 3 p. 1/2 in-fol.
Relative aux approvisionnements de Toulon.

40. CABRERA (Ramon), comte de Morella, célèbre général espagnol.
L. aut. sig. en français, 1844, 1 p. in-8.

41. CAMERANI (Barthélemy), célèbre acteur de la Comédie-Italienne, le dernier des Scapins.
Etat aut. sig. des dépenses pour les voitures fournies aux artistes qui ont joué à Neuilly le 13 juin 1810, devant Leurs Majestés Impériales et Royales; 11 juillet 1810, 1 p. 3/4 in-fol.

42. CARDINAUX ET ARCHEVÈQUES. Treize lettres ou billets.
ASTROS (Paul d'), 2 billets aut. sig. — CHEVERUS, l. aut. sig., 1826, 1 p. in-4. — CONSALVI, 2 billets aut. sig. — ISOARD, 2 l. aut. sig., 2 p. in-4. — LATIL, aut. sig., 1 p. in-8. — Divers, 5 lettres ou pièces sig.

43. CARDINAUX, ARCHEVÈQUES ET ÉVÈQUES français et étrangers.
55 Lettres aut. sig. et lettres signées.
Collection intéressante.

44. CASABIANCA (Louis), capitaine de vaisseau, tué, ainsi que son fils, au combat naval d'Aboukir.
L. aut. sig. à Saliceti. Paris, an II, 1 p. pl. in-4. Curieuse épître patriotique.

45. **CASTI** (l'abbé J.-B.), poëte et littérateur italien.
    L. aut. sig. à M. Arrighi, an XI, 1 p. in-12.

46. **LE MÊME.**
    P. S., s. d., 2 p. 1/2 in-4.
    Plaintes amères contre son imprimeur.

47. **CAVAIGNAC** (J.-B.), député du Lot à la Convention.
    L. aut. sig., s. d., 1 p. pl. in-8.

48. **CAVAIGNAC** (Godefroy), écrivain révolutionnaire.
    L. aut. à Drolling. Londres, 16 juillet 1836, 2 p. 1/2 in-8.
    Charmante épître d'amitié, où il est question du portrait de sa mère.

49. **CHANTELOU** (Claude), bénédictin de Saint-Maur, auteur de
    la France bénédictine, né dans l'Anjou.
    L. aut. à D. Luc Dachery, s. l. n. d., 3 p. in-4. Cachet.
    Demande de manuscrits pour ses recherches.

50. **CHARLES X.** Son voyage à Metz et à Strasbourg, en 1828.
    MERMET, général, 3 l. sig.; Lunéville, 12 et 20 août 1828. —
    VILLATTE, général. Programme signé.; Metz, 12 août, 6 p. in-fol.
    — CASTEX, général, programme et 3 l. sig. du 18 août au 16 sep-
    tembre 1828. —12 pièces toutes relatives aux fêtes données au roi.

51. **CHARLES** (J.-Alex.-César), célèbre physicien, de l'Académie
    des sciences.
    L. aut. sig. au comte d'Angivilliers. Paris, 12 mai 1786, 2 p.
    in-fol. *Rare.*
    Belle lettre de remercîments pour la place de professeur d'hydrodynamique, à
    laquelle le roi vient de le nommer.

52. **CHAUDET** (A.-D.), statuaire, de l'Institut.
    L. aut. sig. à M**me Brongniard, an XIII, 3 p. in-8.

53. **CHOISEUL** (L.-F., duc de), principal ministre de Louis XV.
    L. aut. sig. au duc de Nivernois, ambassadeur en Angleterre,
    s. d. (1762). 4 p. pl. in-4.
    Très-importante lettre politique relative aux préliminaires du traité de paix
    avec l'Angleterre, qui fut conclu en 1763. Choiseul se plaint amèrement de la
    conduite peu loyale de l'Angleterre, qui demandait dans ce traité la démolition
    du port de Dunkerque... Jamais, M. le duc, dussai-je en mourir, je ne donnerai
    mon consentement à une pareille destruction.....

54. **CLERGÉ** en 1751 (Affaire du).
    Lettre au roi, sig. des archev. de *Paris* et de *Vienne*, des évêques
    de *Bayeux, Carcassonne, Meaux, Troyes, Nevers, Tréguier, Belley* et
    Riez. Paris, 22 novembre 1751, 4 p. gr. in-fol. Document impor-
    tant.
    Convoqués par Louis XV pour « chercher les moyens qui pourraient conduire
    à une espérance d'arrangement sur l'affaire du clergé, » ces prélats ont apporté à
    cette affaire l'attention qu'exigeait son importance, et rendent compte au roi
    de leurs travaux, en le priant de faire cesser les *alarmes* de l'Église de France,
    la disgrâce qu'elle a encourue, et de lui rendre les immunités dont elle était en
    possession, ainsi que le crédit et la considération dont elle a plus besoin que
    jamais, « pour s'opposer avec succès aux progrès de l'irréligion et du libertinage
    et pour réprimer cette multitude d'esprits téméraires qu'elle voit s'élever tous les
    jours par une infinité d'écrits pleins de hardiesse contre tout ce qu'il y a de plus
    saint et de plus sacré. »

55. **CLERGÉ FRANÇAIS.** Cinquante lettres.
    EMERY, curé de Saint-Sulpice, l. aut. sig., 2 p. in-4.—GERBET
    (l'abbé), l. aut. sig., 2 p. in-4. — MARDUEL, curé de Saint-Roch,
    2 l. aut. sig. — PAGANEL, curé et conventionnel, l. aut. sig., 2 p.
    in-4, etc.

56. **COMBES** (Michel), colonel du 47e, tué à la prise de Con-
    stantine, auteur de *Mémoires.*
    L. aut. sig. Màcon, 1831, 3 p. 1/2 in-4.

57. **CONDILLAC** (l'abbé de), philosophe, historien, de l'Acad.
    franç.
    Billet de 4 lignes, aut. sig., 1780.
    Prière de remettre un exemplaire de sa *Logique* à M. de Kéralio.

58. LE MÊME.

L. aut. sig. au duc de Nivernois. Parme, 1er mars 1766, **3 p.** in-4, avec la réponse aut. du duc au dos de la lettre.

59. LE MÊME.

L. aut. sig. au même. Parme, 27 septembre 1766, 3 p. in-4, avec la réponse aut. du duc au dos de la lettre.

60. LE MÊME.

L. aut. au même. Parme, 20 octobre 1766, 4 p. in-4.
Cette lettre est relative à la position de fortune de Condillac.

61. CONSTANT, premier valet de chambre de Napoléon, auteur de *Mémoires*.

L. aut. sig. à Dupont de l'Eure, 3|4 de p. in-4, avec recommandation de celui-ci de 6 lignes aut. sig.

62. CONVENTION NATIONALE. Six lettres.

ALBITTE aîné à Saliceti, 1 p. in-4, et 1 l. sig., 1 p. 1|2 in-4. — CHARBONNIER à Saliceti. Paris, nn II, 3 p. pl. in-4. Très-intéressante. — GOUPILLEAU *(Ph. Ch. Ai.)* de Montaigu, 2 l. aut. sig., an X, 3 p. in-8 et 1 p. in-4. — RITTER (F. J.), l. aut. sig.; Paris, an IV, 1 p. in-fol.

63. CONVENTION NATIONALE. Six lettres ou pièces.

BARRAS, l. sig., p. sig., et appostille As. en marge d'une lettre du général Lasalcette. — BILLAUD VARENNE, arrêté sig. — COLLOT D'HERBOIS, l. sig. — ROBESPIERRE jeune, pièce sig., an II, 1 p. in-fol.

64. CONVENTIONNELS ET AUTRES DÉPUTÉS. Neufs lettres.

ARRIGHI, p. aut. sig., an V, 1 p. in-4. — ANDREI, l. sig., 1808, 1 p. 1|2 in-8. — COSTER, l. aut. sig. Nancy, an IX, 2 p. 1|2, in-4. — MOLTEDO, l. aut. sig. et l. sig., 2 p. in-4. — POMPEI, l. aut. sig. à Saliceti, an VII, 2 p. in-4. — PROST, l. aut. sig., 1793, 2 p. in-4; et THABAUD, l. aut. sig., 1 p. 1|2 in-4.

65. CRÉBILLON fils (Cl.-Prosper, Jolyot de), romancier.

Envoi de 3 lignes aut. sig., à Goldoni, au revers du faux titre des lettres de la duchesse de***.

66. DANREMONT (Denys, comte de), général en chef, gouverneur de l'Algérie, tué au siége de Constantine.

L. aut. sig. au général.... Auxonne, 6 avril 1816, 3 p. pl. in-4.
Il annonce avoir passé la revue prescrite par la lettre du ministre de la guerre, et avoir trouvé une cocarde tricolore dans les effets d'un grenadier, qu'il a de suite fait mettre en prison.

67. DARU (P.-A.-N.-B., comte), ministre, historien, de l'Académie française.

L. aut. sig. à Napoléon. Amsterdam, 28 août 1810, 1 p. in-fol.
Il fait part à Sa Majesté qu'il existe à Saardam une cabane qui fut habitée pendant deux ans par *Pierre le Grand*, et que le roi de Hollande avait annoncé l'intention de l'acquérir pour en assurer la conservation; mais que cette idée n'a eu aucune suite. Il donne la description de la cabane, et demande à Napoléon si son intention est de l'acquérir: on pourrait l'acheter pour deux ou trois mille florins..... En marge se trouve la réponse de Napoléon: *Renvoye à M. le comte Daru, je n'attache aucune importance à cela. Saint-Cloud, 2 sept. 1810. N.*

68. DEFAUCONPRET, célèbre traducteur de Walter Scott.

L. aut. sig. à Lecointe et Durey. Londres, 22 décembre, 1822, 2 p. 1|2 in-4.
Lettre intéressante relative à la traduction de divers romans.

69. DÉPUTÉS. Soixante-dix lettres sig. et aut. sig.

DUPIN (les 3). — KERGORLAY (le comte de). — BERRYER. — DEVILLE, etc.

70. DÉPUTÉS ET PAIRS. Onze lettres aut. sig.

BERRYER. — BOISSY (le marquis de), — BONNET, avocat. — BOUHIER DE L'ECLUSE, sa biographie, avec un grand nombre de

corrections autog. — BLANC (Louis), billet de 5 lignes, aut. sig. —
CHABANNES (le marquis de), 2 lettres. — CLÉMENT DE RIS. — LA
ROCHEJACQUELEIN (le marquis de), 2 lettres.

71. DÉPUTÉS de 1816 à 1850. Cent soixante lettres.
l. aut. sig., l. sig. et appostilles aut. sig.

72. DESPRÉAUX (J.-Et.), chansonnier et auteur dramatique.
1° 2 lettres et un billet aut. sig., 2 p. 1|2 in-4; 2° 2 pièces avec
4 lignes, aut. sig. — Etats des musiciens d'harmonie de la garde
impériale, employés à la fête donnée par Mme la princesse Pauline,
à l'occasion du mariage de Napoléon avec Marie-Louise ; 14 juin
1810, 7 p. in-4, avec les signatures des 90 exécutants.

73. DIRECTOIRE EXÉCUTIF.
Projet de traité original avec le roi de Prusse, signé *Barras*,
Carnot, *Reubell*, *Réveillère Lepeaux* et *Letourneur*. Paris, 12 germi-
nal an IV, 2 p. 1|2 in-fol.

74. DIVERS. Quatre lettres.
BERTRAND, grand maréchal du palais, l. aut. sig. au divan du
Caire, an VII, 2 p. 1|2 in-fol. Une déchirure au bas du 2e feuillet.
— GOURGAUD, général, l. aut. sig., 1 p. in-8. — LARREY, chirur-
gien, l. aut. sig., 1826, 1 p. in-8. — EUGÈNE NAPOLÉON, l. sig.,
1813, 1|2 p. in-4.

75. DIVERS. Six lettres aut. sig.
BODONI, célèbre imprimeur. Parme, 1799, 1|2 p. in-4. — BOUL-
LONGNE, intendant des finances, à M. Coustou, 1737, 3 p. in-4. —
LE BEAU (Charles), historien, quittance d'un payement de son Histoire
du Bas-Empire, 1762, 1|2 p. in-4. — LOUIS XV, roi de France, ap-
postille de 10 lignes aut., en marge d'une lettre de son ministre
Saint-Florentin, 1745, 4 p. in-4. — BOUILLON (le duc de), 1740, 1 p.
in-4. — RICHOMME, graveur, 1|4 de p. in-fol.

76. DIVERS. Cinq lettres.
DUCHESNOY, célèbre tragédienne, billet de spectacle de 3 lignes
aut. sig. — PLESSY (Mlle), de la Comédie-Française, l. aut. sig., 2 p.
in-18. — LAVALLETTE (Mme), célèbre par son dévouement pour
son mari, l. aut. sig. à Mme Mercier, 29 juin 1812, 2 p. 1|2 in-8.
Le papier blanc du 2e feuillet a été déchiré au-dessous de la signa-
ture. — ADÉLAIDE et VICTOIRE (Mmes), tantes de Louis XVI, l. sig.
et pièce de 3 lignes aut. sig.

77. DIVERS. Quatre lettres aut. sig.
CABET, novateur, 1844, 1 p. in-8. — CESENA (Amédée de),
journaliste, au baron Fain. Paris, 1832, 1 p. 1|2 in-4. Demande
d'un emploi dans l'intendance de la maison du roi. — FAIN, secrétaire du cabinet de Napoléon Ier, 2 l. aut. sig., 2 p. in-4 et in-8.

78. DIVERS. Cinq lettres aut. sig.
BERGERON (Pierre), homme de lettres, connu par son attentat
contre la vie du roi Louis-Philippe. L. aut. sig., 3/4 de p. in-8, 1.
sig., 1 p. in-8. — CHAUMETTE, procureur de la commune en 1793.
L. sig., 1 p. in-4. — MELZI, duc de Lodi, vice-président de la République italienne, 2 l. sig., 1811, 2 p. in-4.

79. DONNADIEU (le vicomte), général, écrivain et député.
1° L. aut. sig., 1839, 1 p. in-8.
2° L. sig. au duc de Feltre. Bruxelles, 16 mai 1815, 2 p. in-fol.
Un peu déchirée à la marge de droite.
Ayant appris que M. de La Rochejacquelein et plusieurs officiers vendéens
étaient partis de Londres pour se rendre dans le Poitou, il mande au duc de
Feltre que cette mesure lui paraît inopportune et qu'il pense qu'on doit attendre
le commencement des hostilités de la part des alliés, pour donner un caractère
plus national au mouvement.

80. DORAT (Cl.-Jh.), poëte et fabuliste.
L. aut. sig., août 1777, 3 p. pl. in-12. Jolie épître.

81. DUCLOS (Ch. Pineau), historien, de l'Académie française.
L. aut. sig. Paris, 25 août 1759, 1 p. in-4. Jolie lettre. Rare.

82. DUCORNET (L.-C.-Jh.), peintre, né sans bras.
1° L. aut. sig., 1 p. in-4.
2° Dessin au crayon.

83. DUPIN (Louis-Ellies), célèbre docteur de Sorbonne, né en Normandie.
L. aut. sig. à D. Mabillon. S. l. n. d., 2 p. in-8.

84. DURAND (Dom Jean), bénédictin de Saint-Maur, né à Courseult, diocèse de Saint-Malo.
3 l. aut. sig. à D. Butteau, 1686, 9 p. in-4. Cachet.
Curieux détails sur son séjour à Rome.

85. EMBLÈMES BONAPARTISTES prohibés dans l'armée en 1816, ensuite des ordres du duc de Feltre, ministre de la guerre.
29 l. sig., au ministre de la guerre, des généraux d'ARMAGNAC, VIOMÉNIL, COUTARD, DAMAS, DESPINOIS, JUMILHAC, LIGER-BELAIR, LA TOUR DU PIN, LOVERDO, MEYNADIER, CHOISEUIL, RIVAUD DE LA RAFFINIÈRE et VILATTE, contenant des rapports contre les soldats trouvés nantis d'emblèmes bonapartistes. Dossier très-curieux.

86. ÉPINAY (Mme Lalive d'), femme célèbre, amie de Voltaire et de J.-J. Rousseau.
Reçu de 6 l. aut. sig. 7 avril 1770, 1/2 p. in-4.

87. LA MÊME.
Deux reçus signés, 1776, chacun de 1/2 p. in-4.

88. ESTIENNOT (D. Claude), savant bénédictin, né à Varennes.
L. aut. sig. à D. Mabillon, à la Mourguié. Ce 9 mars 1681, 3 p. in-4. Cachet.
Cette lettre est relative à ses immenses recherches et aux découvertes qu'il a faites dans son voyage.... Je suis si fort attaché à l'antiquaille, que j'y passe sans peine dix et douze heures par jour.....

89. FEMMES POETES ET PROSATRICES. Quatre lettres aut. sign.
ABRANTÈS (la duch. d'), 1 p. in-8. — BEAUHARNAIS (Fanny de), 1806, 1 p. in-4, et une pièce de vers non aut. — CAMPAN (Mme), 1819, 1 p. 1/2 in-4. — SAND (Georges Mme). Billet aut. sig., 1 p. in-18. — ULLIAC TRÉMADEURE, 1833, 3 p. 1/2 in-4. Jolie lettre.

90. FEMMES TITRÉES, duchesses, comtesses et vicomtesses.
72 lettres, dont 62 aut. sig. et 10 aut. Lot intéressant.

91. FILLASTRE (Guillaume), bénédictin, né à Tilleul, diocèse de Rouen.
1° L. aut. sig. à D. Mabillon, 27 septembre 1669, 2 p. in-8. Cachet.
2° L. aut. sig. à D. Ruinart, 1700, 3 p. in-8. Cachet.

92. FLEURY (Claude), historien ecclésiastique, de l'Acad. fr.
L. aut. sig. à D. Ruinart. Versailles, 15 octobre 1689, 1 p. in-4.
Il lui demande son avis sur un fait historique.

93. LE MÊME.
L. aut. sig. 26 juin 1719, 1/2 p. in-4.

94. FONTAINE (P.-F. Léonard), célèbre architecte.
1° 3 l. aut. sig., 2 p. 1/2 in-8 et in-4.
2° L. sig. Paris, 23 décembre 1815, 1 p. in-fol. Réclamation de 6,451 fr. qui lui sont dus par la princesse BORGHÈSE, pour travaux

faits, dans les années 1803, 1804 et 1805, au château de Montgobert;
1 p. in-fol.
> Huyot, célèbre architecte de l'Arc de-Triomphe de l'Étoile.
> 2 l. aut. sig., 1813 et 1815, 3 p. in-12. Le second feuillet de la
> première lettre est déchiré.

95. FONTANES (le marquis de), grand-maître de l'Université,
de l'Académie française.
> L. aut. sig. *S. d.*, 1 p. 1/2 in-8.

96. FRÉDÉRIC II, roi de Prusse, dit *le Grand*.
> L. aut. sig. au duc de Mancini-Nivernois. 12 février 1756, 1 p.
> pl. in-4. Très-jolie lettre.

97. FRÉDÉRIC-GUILLAUME III, roi de Prusse.
> Pièces relatives à son arrivée en France et à la revue de ses
> troupes cantonnées dans la Champagne : 7 dépêches télégraphi-
> ques datées de Metz, signées CHAPPE, du 5 août au 7 septembre
> 1817. — 4 l. sig. du général LIGER BELAIR du 23 juillet au 30 août
> 1817. — 2 l. des préfets MAUSSION et TOCQUEVILLE. — GOLTZ (le
> comte de). L. aut. sig. 26 juillet 1817, 1 p. in-fol. — ZIETEN, gé-
> néral prussien. L. sig. 20 juillet 1817, 1 p. 1/2 in-fol. En tout 15
> pièces. Dossier intéressant.

98. GÉNÉRAUX. Cinq lettres aut. sig.
> ABANCOURT, an VII, 2 p. in-fol. — ARRIGHI, duc de Padoue,
> an XIII, 3 p. 1/4 in-4. — JOMINI, 1808, 2 p. in-8. — LAMARQUE
> (Maximilien). Lettre et pièce, 3 p. in-4.

99. GÉNÉRAUX FRANÇAIS. Dix-sept lettres sig.
> BEAUHARNAIS (Alexandre), 1793, 2 p. in-fol. — CUSTINE, 1792,
> 2 p. in fol. — CASABIANCA. — KELLERMANN. — LABORDE. — MA-
> LET, etc.

100. GÉNÉRAUX. Dix-sept lettres sig. et aut. sig.
> BRENIER. — BARROIS. — CERVONI. — CHABRAN. — HUGO. — HUL-
> LIN. — LAFAYETTE. — OUDINOT fils, etc.

101. GÉNÉRAUX. Dix-sept lettres sig.
> CHABOT. — FRÈRE. — HULLIN. — LAFFITTE. — LAMORLIERE. —
> LATOUR-MAUBOURG. — SAINTE-SUZANNE. — QUESNEL, etc.

102. GÉNÉRAUX. Vingt-trois lettres aut. sig.
> ALVIMAR (le comte d'), 1833, 1 pag. in-fol. — ATHALIN, 4 p. in-4.
> — BAUDRAND. — BOURCIER. — CANCLAUX. — CAVAIGNAC. — DROUOT.
> GRIGNY. — RAVEL. — SPARRE, curieuse lettre au baron Fain. —
> VIGNOLLE, etc.

103. GÉNÉRAUX. Vingt-six lettres sig,
> AUBUGEOIS, 2 l. — CASABIANCA. — CHÉRIN. — DARMAGNAC. —
> DEVAUX. — FRÈRE. — GENTILI. — GILLY. — GILOT. — GAUTHRIN.
> — GOULLUS. — KNIAZIEWICZ. — LABASSÉE. — LEVAL. — LOISON.
> — MALET. — MORAND et TILLY.

104. GÉNÉRAUX. Vingt-sept lettres aut. sig.
> AMBERT, an VIII, 1 p. 1/2 in-fol. — AVRIL, 1 p. 1/2 in-fol. —
> DILLON (Ed.), 2 p. in-fol. — CERVONI, 6 l. ou pièces. — GIRARD.
> — GRATIEN. — JOMINI, 1 p. in-12. — GILIBERT. — MORAND. —
> PUIVERT. — RENÉ. — SIMON, etc.

105. GÉNÉRAUX. Quarante-cinq lettres aut. sig.
> ATHALIN. — CUBIÈRES, 1 p. 1/2 in-4. — FRESIA. — GAUSSART. —
> REY, etc.

106. GÉNÉRAUX. Quarante-huit lettres ou pièces signées.
> BARAGUEY-D'HILLIERS. — BELLIARD. — BAUDRAND. — DE-
> FRANCE. — GAZAN. — HULLIN. — MENOU. — MORAND. — TAVIEL.
> — TESTE, etc.

107. GÉNÉRAUX. Soixante lettres, pièces ou apostilles sig.
> AMBERT. — FABVIER. — GOURGAUD. — HAXO. -- LAMAR-
> QUE, etc.

108. GERMAIN (Don Michel), bénédictin, collaborateur de Mabillon, né à Péronne.
> L. aut. sig. à D. Thierry Ruinart. Rome, 21 août 1685, 3 p. in-8.
> Jolie lettre.

109. LE MÊME.
> L. aut. sig. au même, 28 août 1685, 3 p. 1/2 in-8. Jolie lettre.

110. LE MÊME.
> L. aut. sig. à Placide Porcheron. Rome, 18 août 1685, 3 p. 1/2
> in-4. Cachet.
> Très-intéressante lettre contenant une curieuse anecdote sur Christine de
> Suède, et le récit d'une aventure arrivée au cardinal Albertini.

111. GOLDONI (Charles), célèbre poëte comique italien.
> L. aut. sig en italien, à Voltaire. Lyon, 17 août 1762, 3 p. 3/4
> in-4.
> Belle lettre toute littéraire.

112. HELVÉTIUS (Cl. Adrien), philosophe, auteur du livre *De l'Esprit*.
> L. aut. sig. à Mme la comtesse de Rochefort, 28 octobre 1751, 3
> p. in-4. Jolie lettre.

113. HENRY D'ALBRET, roi de Navarre.
> L. sig. sur papier, avec la souscription autog. au comte Du Lude.
> Pau, 16 octobre 1552, 3/4 de p. in-4. Jolie pièce.

114. HENRI, duc de Bordeaux, comte de Chambord.
> Procès-verbal de sa naissance, pièce signée *Balainvilliers et de
> Villedeuil.* 29 septembre 1820, 4 p. 1/2 in-fol.
> Document hitorique, original où sont consignés tous les incidents de l'accouche-
> ment de la duchesse de Berry, et les noms des personnages de la Cour qui y ont
> assisté.

115. HOMMES D'ÉTAT ÉTRANGERS. Sept lettres.
> BROUGHAM (lord). Note autog. de 9 l. — CASTELREAGH (lord). L.
> aut. sig. en anglais, 2 p. in-8. — COBENTZEL (Ph.). L. aut. sig. en
> français. Vienne, 1792, 2 p. in-4. — HOLLAND (lord). L. aut. sig. en
> anglais, 1 p. in-8. — HARDENBERG. L. aut. sig. Berlin, 1819, 1/2 p.
> in-4. — PEEL (Robert). L. sig. en anglais. 1825, 1 p. 1/2 in-fol. —
> POZZO DI BORGO. L. aut. sig., 1 p. in-8.

116. HUET (Daniel), évêque d'Avranches, de l'Académie française.
> L. aut. sig. à D. Mabillon, à l'abbaye d'Aynay, le 15 août 1691,
> 1 p. pl. in-4, cachet. Un léger trait de plume a été passé sur la
> souscription et sur la signature.

117. IDA SAINT-ELME, dite la Contemporaine, auteur de *Mémoires.*
> 2 l. aut. sig. à M. de Montalivet. Mars 1834, 1 p. in-4 et 1 in-8.
> Très-curieuses épîtres portant réclamation du payement de douze de ses por-
> traits remis par elle à M. Vatout pour être offerts au roi.
> A l'appui de cette singulière réclamation se trouve deux L. aut. de M. *Vatout*
> et de M. le baron *Fain.*

118. INSTITUT, séance du 17 frimaire an IV.
> Feuille de présence contenant 41 signatures des membres, entre
> autres celles de MOLÉ, SAINT-PIERRE, CHARLES, SIÉYÈS, DUPUIS,
> MONGE, DAVID, MÉHUL, CAMBACÉRÈS, etc. 1 p. in-fol. Une signa-
> ture a été découpée.

119. INSTITUT, séance du 5 thermidor an V.
> Feuille de présence contenant 77 signatures des membres, entre
> autres celles de NAIGEON, DUSAULX, DUCIS, LAGRANGE, LE BRUN,
> BITAUBÉ, GOSSEC, LAPLACE, TALLEYRAND, MERCIER, etc. 1 p. 1/2
> in-fol.

120. JEAN-BON SAINT-ANDRÉ, député du Lot à la Convention.

> L. aut. sig. à Saliceti. Port la Montagne, an II, 1 p. in-fol., tête impr. et vignette.
> Il se plaint du général de l'armée d'Italie, qu'il traite de coquin.

121. JOURNALISTES ET LITTÉRATEURS. Sept lettres.

> ALTAROCHE. 2 l. aut. sig., 2 p. in-8, plus l'épreuve d'un article avec dix lignes aut. de corrections. — ARNOUL (M.-H.). L. aut. sig. au roi. Paris, 1840, 2 p. in-fol. — CHAMBOLLE. L. aut. sig. à Lamartine, 7 mars 1848, 1 p. in-4. Jolie lettre. — DURRIEU (Xavier), 2 l. aut. sig., 2 p. 1/2 in-8. — THOMAS. L. aut. sig., 1841, 1/2 p. in-8.

122. JOURNALISTES. Dix lettres aut. sig.

> BEAUREPAIRE, 1 p. in-4. — COUVRET DE BEAUREGARD, 2. p. in-4. — LAURENTIE, 1 p. 1/2 in-12. — LOURDOUEIX, 1 p. in-8. — URBAIN (Nestor), 1/2 p. in-4, etc.

123. JOUY (V.-J.-E. de), de l'Académie française.

> L. aut. sig. à Mme Adélaïde d'Orléans (après la révolution de Juillet 1830), 2 p. 1/2 in-fol.
> Il se réjouit de l'élévation de Louis-Philippe au trône de France, puis, après avoir énuméré ses services, il demande la place de commandant ou de conservateur des Tuileries ou du Louvre.

124. LACÉPÈDE (le comte de), naturaliste et sénateur.

> 2 l. aut. sig. à M. de La Condamine, 1816, 2 p. in-4.

125. LAGRANGE (Charles), représentant du peuple en 1848.

> L. aut. sig., 1 p. in-8. — GUYON, chef des insurgés du cloître Saint-Merry, et secrétaire du précédent. L. aut. sig., 1 p. in-8.

126. LANCLOS (Anne, dite Ninon de), femme célèbre.

> L. aut. à l'abbé d'Hautefeuille, s. d., 2 p. pl. in-8. (Pièce de l'isographie.)
> .... Assurez M. de Saint-Evremont que je luy rends ses parolles et que sa santé m'est aussy chère que la mienne.....

127. LANDAIS (Napoléon), homme de lettres et lexicographe.

> L. aut. sig. Paris, 1837, 3 p. 1/2 in-4. Curieuse.

128. LEGOUVÉ (G. M. J. B.), poëte et auteur dramatique.

> L. aut. sig. L. G. à Mme Talma, s. d., 1 p. 3/4 in-4.
> Il se plaint amèrement du Théâtre de la République et renonce à travailler pour lui; il exprime son admiration pour Talma, dont il chérit la personne et le talent.

129. LENOURRY (Don Nicolas), savant bénédictin, né à Dieppe.

> L. aut. sig. au R. P. de La Pare. Paris, 23 avril 1708, 3 p. in-8.
> Relative à son ouvrage *Apparatus ad. Biblioth. maximum patrum veterum.*

130. LE MÊME.

> L. aut. sig. au même. Paris, 21 mai 1709, 3 p. in-4.

131. LETELLIER (Ch. Maurice), archevêque de Rheims.

> 2 l. aut. sig. à D. Mabillon, 1686-1695, 2 p. in-4.

132. LITTÉRATEURS. Dix-neuf lettres.

> ARLINCOURT (le vicomte d'), 2 l. aut. sig. — AZAÏS, 1844, 3 p. in-4. — CUSTINE (le marquis de). L. aut. sig. 1843, 1 p. in-8. — DUMAS (Alexandre), 2 l. aut. sig., 2 p. in-8. — DUMAS fils. L. aut. sig. 1/2 p. in-8. — JUBINAL (Achille). L. aut. sig., 2 p. in-fol. (curieuse), plus let. et billet a. s. — KÉRATRY, 2 l. aut. sig., 1837, 1 p. 1/2, in-4.

133. LITTÉRATEURS ET SAVANTS ITALIENS. Six lettres aut. sig.

> ALBORGHETTI, à M. de Fortia, 1833, 1 p. pl. in-4. — BOCCAGLINI (Angelo), premier conservateur de la bibliothèque du Vatican. L. et p. aut. sig., 1813, 2 p. in-fol. — BOTTARI (Paul), éditeur de la

Vie des peintres, par Vasari. Rome, 1788, 2 p. pl. in-4. — **Caluso** (l'abbé de), 2 l., 1813, 2 p. 1/2 in-4.

134. LOUIS XIII, roi de France.

L. sig. à Du Bellay, son lieutenant général en Anjou, 29 juin 1629, 2 p. in-fol. Trace de cachet.

Document historique important, relatif à la prise de Privas sur le duc de Rohan, à la pacification des troubles, aux conditions accordées aux protestants, à la démolition de leurs places fortes, aux otages exigés d'eux, etc.

135. LOUIS XV, roi de France.

L. aut. au duc de Nivernois. Versailles, 29 décembre 1755, 1/2 p. in-4. Cachet bien conservé.

136. LOUIS XVI, roi des Français, décapité en 1793.

Le mot *bon*, autog., au bas d'une demande faite au nom de la reine pour la concession d'un terrain de 5 arpents, 72 perches, 4 pieds, devant servir à l'agrandissement du *Petit-Trianon*. 2 oct. 1774, 1/2 p. in-4°. 2° Plan dudit terrain, au lavis, et sur lequel Louis XVI a mis de sa main le mot *bon* d'une manière fantastique.

137. LOUIS-PHILIPPE Ier, roi des Français.

1° Approbation, de 4 lignes aut. sig., et sig. aussi de Mme **Adélaïde**, au bas d'une demande de pension. 1822, 1 p. in-fol.

2° 3 pièces avec approbation, 3 lignes aut.; 2 pièces avec les mots *approuvé*, aut. de Mme **Adélaïde**, plus 8 lignes aut. de **Marie-Amélie**.

138. LOUISE, reine des Belges.

L. aut. sig. Lacken, 1844, 3 p. pl., in-8.

139. LOUVET (J.-B.), conventionnel et littérateur.

L. aut. sig. à Réveillère-Lépaux, 2 ventôse, an III, 3/4 de p. in-8.

140. LULLI (J.-B.), célèbre musicien.

Quittance sig. sur vél. 17 juin 1782, in-4.

141. MABILLON (Jean), savant bénédictin, né près de Reims.

L. aut. sig. à D. Thierry Ruinart. Turin, 20 avril 1685, 3 p. in-8.

Cette lettre est toute relative à son voyage en Italie.

142. LE MÊME.

L. aut. sig. au même. Rome, 15 août 1685, 3 p. pl. in-4.

Lettre relative à ses occupations à Rome.

143. LE MÊME.

L. aut. sig. à dom A. Durban. Venise, 23 mai 1685, 3 p. in-8.

Nouvelles intéressantes de son voyage à Venise.

144. MAGLIABECCHI (Antoine), savant bibliothécaire.

3 l. aut. sig., dont 2 à D. Mabillon et une à D. Ruinart. 1685-86 et 95, 8 p. in-4. Cachets.

145. MAINTENON (Françoise d'Aubigné, marquise de).

L. aut. sig. à la marquise de Villette. 19 juillet 1715, 2 p. 1/2, in-4.

Elle n'est nullement de l'avis de la princesse de Conti, de tenir des princes du du sang hors de la Cour.... « Car d'y venir des momens et puis s'en aller tout d'un coup sans en dire un mot, comme ils viennent de faire, est une conduite insoutenable.... Je serais ravie de vous voir, mais je puis moins que jamais donner des rendez-vous, le mauvais temps empêche le roi de sortir, et il est très-souvent dans ma chambre...»

146. LA MÊME.

L. aut. au maréchal de Schomberg. Versailles, 24 septembre, 2 p. in-4.

..... Je n'ai rien appris du duc de Noailles qui ne soit vraisemblable et commun à toutes les cours. Il dit que Leurs Majestés Catholiques et Mme la princesse des Ursins veulent être flattés, qu'ils ne font pas justice à ceux qui ont le plus de zèle pour leur service, qu'il y a des cabales, qu'au reste il a été très-bien traité....

147. MARÉCHAUX DE FRANCE avant 1789.

Boufflers. — Broglie. — Coigny. — Dumuy. — Harcourt. —

Mouchy. — Noailles. — Ségur et de Vaux. 13 lettres ou pièces
signées.

148. MARÉCHAUX DE FRANCE. Six lettres aut. sig.

Bugeaud, 1834. 1 p. in-fol. — Moncey, 1811, 3/4 de p. in-fol. —
Oudinot, 1 p. in-8. — Sébastiani, 2 l., 2 p. in-4. — Suchet, 1 p.
in-fol., vig. et tête impr.

149. MARÉCHAUX DE FRANCE. Huit lettres sig.

Bertrand, 2 p. in-fol. — Bessières, 1 p. et 1 l. sig. — Duroc,
1 p. in-fol. — Ney, 2 l. sig., 2 p. in-fol. — Pérignon, 2 p. in-fol. —
Suchet, 1 p. in-fol.

150. MARÉCHAUX DE FRANCE. Douze lettres sig.

Augereau, 1814, 1 p. in-fol. — Bessières, 1808, 1/2 p. in-4. —
Davoust, 1 p. in-fol. — Duroc, 2 l. sig., 2 p. in-fol. — Gouvion
Saint-Cyr, 1 p. in-fol. — Kellermann, 1 p. in-fol. — Masséna,
1/2 p. in-4. — Ney, 2 l. sig., 2 p. in-fol. — Oudinot, 1 p. in-fol. —
Suchet, 1/2 p. in-fol.

151. MARÉCHAUX DE FRANCE. Vingt lettres sig.

Bernadotte, 1 p. in-fol. — Berthier, 3 l. sig. — Bourmont,
l. sig. et l. aut., 1 p. in-4. — Davoust, 3 p. in-fol. — Jourdan,
1 p. in-fol. — Kellermann, 1 p. in-fol. — Lobau, 1 p. in-4. —
Macdonald. — Masséna, 1 p. in-4. — Moncey, Mortier, 1 p. 1/2
in-fol. — Ney, p. sig. et billet aut. sig. un peu déchiré. — Oudinot.
— Soult. — Suchet, 2 l. — Vioménil, 1 p. in-fol.

152. MARÉCHAUX DE FRANCE.

Bernadotte. — Bourmont. — Lefebvre. — Marmont. — Masséna. — Moncey. — Mortier. — Macdonald. — Oudinot. —
Soult, etc. 46 pièces ou apostilles signées.

153. MARGUERITE DE VALOIS, reine de Navarre, auteur
des *Contes*, sœur de François Ier.

L. aut. sig. à M. de Belombe. Villers-Cotterêts, 29 août, 1 p. pl.
in-fol. Rare.

154. MARIE-LOUISE (l'impératrice), aux eaux d'Aix, en 1814.

3 l. sig. du maréchal Moncey au ministre de la guerre Dupont,
des 19 juillet, 2 et 19 août 1814, 5 p. 1/2 in-fol., donnant de curieux
détails sur le séjour de Marie-Louise à Aix. — Projet de lettre de
Dupont au comte Beugnot, avec une longue apostille aut. pres-
crivant de surveiller Marie-Louise. 21 juillet 1814, 1 p. in-fol. Curieux dossier.

155. MARIE-AMÉLIE, reine des Français.

L. aut. sig. Palais-Royal, 4 janvier 1830, 3/4 de p. in-8.

156. MARMONTEL (J.-F.). littérateur, de l'Acad. fr.

L. aut. sig. au citoyen Quesné. Abloville, an VI, 3/4 de p. in-8.

157. MARS (Mlle), célèbre actrice de la Comédie-Française.

1° Billet aut. de 4 lignes écrit à la troisième personne.

2° Chalabre J.-M. Félicité, marq. de, amant de Mlle Mars, qu'il
fit sa légataire universelle ; 3 l. aut., 10 p. in-4 et in-8.

3° Bruyères-Chalabre (le Cte de), maréchal de camp, père du
précédent, 7 l. aut. sig. à M. Saint-Paul, avocat, du 16 octobre 1832
au 16 septembre 1834, 18 p. in-4, toutes relatives à la succession
de son fils, et contenant des expressions assez dures à l'endroit
de Mlle Mars. Dossier très piquant.

158. MARTÈNNE (Edmond), savant bénédictin, né à Saint-Jean
de Lône, diocèse de Langres.

L. aut. sig. à dom Mabillon. Tours. 23 novembre 1705, 3 p.
in-4.

Notes sur un manuscrit du VIIIe siècle contenant la vie de saint Martin, avec
des figures le représentant en habit de moine dans différentes circonstances de
sa vie.

159. MARTIGNAC (Gaye de), ministre.

L. aut. sig. à Talma. Bordeaux, 6 novembre 1812, 2 p. 1/4 in-4.

Très-jolie lettre. Il demande à Talma des nouvelles de ce qui s'est passé à la Comédie Française, où on lui avait suscité des désagréments, et l'engage à venir passer un mois à Bordeaux. ... « Si vous n'avez pas besoin du théâtre, le théâtre a un bien grand besoin de vous, et il ne serait pas juste au moins que nous, à qui vous n'avez aucun reproche à faire, nous fussions punis des fautes d'autrui...»

160. MARTIN (Claude), savant bénédictin, né à Tours.

L. aut. sig. au R. P. Crespient. Marmoutier, 25 avril 1695, 2 p. pl. in-8.

Charmante épître, où il est question de la vie de *Marie de l'Incarnation*.

161. LE MÊME.

L. aut. sig. à Ed. Martenne. Marmoutier, 14 juillet 1690, 1 p. pl. in-8, cachet. Jolie lettre.

162. MARTIANAI (D. Jean), bénédictin de Saint-Maur, né à Saint-Sever, diocèse d'Aire, en Gascogne.

L. aut. sig. à D. Ruinart. Bordeaux, 1er octobre 1686, 2 p. in-4.

Envoi d'une charte qu'il transcrit dans la lettre, et demande de renseignements sur la vie de saint Jérôme.

163. MASSUET (René), savant bénédictin, né à Saint-Ouen, en Normandie.

L. aut. sig. à D. Cl. de Vic. Paris, 1714, 1 p. in-4.

164. MATHOUD (Claude-Hugues), bénédictin, né à Mâcon.

L. aut. sig. à Luc Dachery. Sens, 7 juin 1684, 2 p. in-4.

Relative à la publication de l'un de ses ouvrages.

165. MÉDECINS. Quarante-quatre lettres sig. et aut. sig.

Conneau. L. aut. sig. Ham, 1843, 1 p. in-8. — Koreff. L. aut. sig., 1817, 4 p. in-4. — Broussais. L. aut. sig. — Orfila. L. aut. sig., 1 p. 1/2 in-8, etc.

166. MÈGE (D. Ant.-Joseph), bénédictin de Saint-Maur, né à Clermont en Auvergne.

2 l. aut. sig. à Luc Dachery, 1659-61, 5 p. in-4.

Ces deux lettres sont relatives à son livre *la Morale de Jonas*.

167. MENARS (D. N. H.), savant bénédictin, né à Paris.

L. aut. sig. à Dom Odde de La Mothe, 7 février 1638, 1 p. pl. in-fol.

Demande de renseignements pour le Martyrologe des saints de son ordre.

168. MINISTRES. Quatre lettres.

Choiseul (le duc de). L. aut. sig., Versailles, s. d. 1 p. 1/2 in-4. — Dambray. L. aut. sig., 1823, 1 p. in-4. — Dupont de l'Eure. L. aut. sig., 1833, 1 p. in-4. — Périer (Casimir). L. sig., 1814, 1 p. in-4.

169. MINISTRES. Cinq lettres aut. sig.

Champagny, 1807, 1 p. in-fol. — Faipoult. Billet et l. aut. sig., 2 p. in-4. — Mollien, 1828, 2 p. 1/2 in-4. — Peyronnet (le comte de), 1845, 1 p. 1/2 in-8.

170. MINISTRES. Six lettres aut. sign.

Bixio. L. et billet, 1 p. in-8. — Dufaure, 1833 et 1840, 2 p. in-4. — Lacrosse (Théobald). Brest, 1836, 3 p. 1/2 in-4. — Peyronnet, 1845, 1 p. in-8.

171. MINISTRES. Douze lettres.

Baratinsky (le prince), ministre russe, 1810, 2 p. in-4. — Bethmont, 1830, 3 4 de p. in-8. — Brenier, 1850, 1 p. in-8. — Broglie, 2 l., 1832, 2 p. in-8. — Drouyn de Lhuys, 2 l., 1838, 2 p. in-4. — Ducos (Th.). Billet de 5 lignes, plus sa biographie manuscrite avec 60 l. aut. de corrections à mi-marges. — Dumon, 1 p. in-4. — Delacroix (Ch.), à Saliceti, an IV, 2 p. in-4. — Regnaud de Saint-Jean-d'Angély. Certificat de 6 l. aut. sig.

172. MINISTRES. Dix-sept lettres sig.
AUBERT DUBAYET, an V, 2 p. in-4. — CAMBACÉRÈS, 2 l. — CAR-
NOT, 2 l. — DELACROIX, an IV, 3 p. in-fol. — FOUCHÉ, 2 p. in-4. —
GOHIER, 3 l. ou pièces. — LAFFITTE, 2 l. — PÉRIER (Casimir), 2 l.
— TALLEYRAND, 3 l. ou pièces.

173. MONNIER (Hilarion), savant bénédictin, né en Franche-
Comté.
L. aut. sig. à D. Mabillon. S. l. n. d., 4 p. 1.2 in-4. Belle lettre.

174. LE MÊME.
L. aut. sig. à D. Ruinart. Besançon, 26 juin 1702, 3 p. in-8.

175. MONTFAUCON (Bernard de), savant bénédictin.
L. aut. sig. au même. Rome, 20 juillet 1700, 3 p. in-4. Cachet.
Très-jolie lettre.

176. LE MÊME.
L. aut. sig. au même. Rome, 25 mai 1700, 1 p. 1/2 in-4. Cachet.

177. MOREAU (Victor), général en chef.
6 l. aut. sig V. M. au bas d'une lettre de sa femme, 2 p. in-4. —
Etat signé, an IX, 15 p. in-fol., plus 2 l. aut. sig. de sa femme, la
maréchale Moreau, 4 p. in-4 et in-8.

178. NAPOLÉON III, empereur des Français.
L. aut. sig. CHARLES-LOUIS NAPOLÉON, à son oncle. Augsbourg,
16 décembre 1821, 1 p. pet. in-4.

179. NATURALISTES. Quatre lettres.
BLAINVILLE (Ducrotay de). L. aut. sig., 1826, 1 p. in-4. — BREIS-
LACK (Scipion). L. aut. sig. en italien, 1816, 1 p. in-4. — JUSSIEU
(Bernard de). Notes aut. certifiées par L. de Jussieu, son neveu,
2 p. in-8. — JUSSIEU (A.-L. de). L. aut. sig., 1817, 1 p. in-4.

180. NATURALISTES ET VOYAGEURS. Quatre lettres.
BONPLAND. L. aut. sig. La Malmaison, 1814, 2 p. in-4. — CAIL-
LAUD (Fréd.), 2 l. aut. sig., 1852, 2 p. in-8. — ORBIGNY (Alcide d').
L. aut. sig., 1835, 1 p. in-4.

181. PAIRS ET DEPUTÉS.
110 lettres, pièces aut. sig. et sig. et apostilles.

182. PAPEBROCH (Daniel) , savant jésuite.
L. aut. sig. à D. Mabillon, 15 octobre 1677, 1 p. pl. in-4.

183. LE MÊME.
L. aut. sig. au même. Anvers, 6 février 1682, 1 p. in-4.

184. PEIGNOT (Gabriel), philologue.
L. aut. sig. à Amanton. Valence, 12 octobre 1828, 3 p. in-4.
Lettre contenant une boutade contre le romantisme.

185. PEINTRES. Cinq lettres aut. sig.
BELLANGÉ (J.-H.), 1846, 1 p. in-8. — DECAMPS. Billet de 7 lignes
aut. sig. — DROLLING père, 1812, 3/4 de p. in-4. — ROBERT FLEURY,
1 p. in-8. — ROBERT LEFÈVRE, 1830, 3 p. in-8.

186. PEINTRES. Dix lettres aut. sig.
CHAMPMARTIN. Billet de 4 lignes. — CHASSÉRIAU, 3 p. in-12. —
DECAISNE (H.). Billet de 5 lignes. — DREUX (Alf. de), 1 p. in-18. —
DROLLING père, 1812, 1 p. in-8. — JADIN, 2 p. in-8. — SALABERT
(Firmin). Manchester, 1847, 4 p. in-8. Plus son portrait et sa biographie
impr. — VAN BRÉE (M.-I.), peintre hollandais, 2 l. aut. sig. Anvers,
1811, 1 p. 1.2 in-4. — VIDAL (V.), 1 p. in-8.

187. PEINTRES MODERNES.
APPERT. — ANDRIAN. — DEBON. — GOSSE. — JACQUAND (Clau-
dius). — LANDELLE. — LEPOITEVIN. — PINGRET, etc. 47 lettres,
dont 38 aut. sig. et 9 aut.

188. PELLETIER (Don Louis Le), savant bénédictin, né au Mans.

    L. aut. sig. à D. Mabillon. Saint-Malo, 1er mai 1697, 1 p. 1/4 in-8. Cachet.
    Envoi d'une inscription grecque, qui est jointe à la lettre.

189. PEPIN (Th.), régicide exécuté avec *Fieschi*, en 1836.

    L. aut. sig. La Conciergerie, 6 novembre 1835, 1 p. pl. in-4. — NINA LASSAVE, maîtresse de Fieschi. Sa sig. aut. sur une carte de visite.

190. PETIT-DIDIER (D. Math.), bénédictin, abbé de Senones, né à Saint-Nicolas, en Lorraine.

    L. aut. sig. à D. Mabillon. Saint-Mihiel, 30 novembre 1700, 3 p. in-4. Cachet.
    Belle lettre où il est question de l'ouvrage *la Sainte-Larme de Vendôme*, par Thiers.

191. LE MÊME.

    L. aut. sig. à D. Ruinart. Saint-Mihiel, 14 mai 1701, 2 p. in-4
    Jolie lettre.

192. PEZ (Don Bernard), savant bénédictin.

    L. aut. sig., en latin, à Ed. Martine, 1718, 4 p. in-4.

193. LE MÊME.

    L. aut. sig., en latin, au même, 1719, 4 p. pl. in-4.

194. PIRON (Alexis), poëte et auteur dramatique.

    Troisième psaume de la pénitence, pièce de vers aut., 7 p. in-4.

195. LE MÊME.

    Epigrammes sur le Bélisaire de Marmontel et Hilaire son singe, et sur le premier opéra de Philidor et de Poinsinet, pièce aut. en vers, 2 p. in-4.

196. LE MÊME.

    Bouquet à la marquise de Mimeure, dialogue entre Flore et ma muse. Pièce aut. en vers, 1727, 4 p. in-4.

197. LE MÊME.

    Epître à M. le comte de Clermont, pièce aut. en vers, 1737, 2 p. in-4.

198. POETES. Dix lettres ou pièces.

    BEAUPLAN (Amédée de). *Nicolas Troupillon*, scène comique, paroles et musique; pièce aut , 6 p. in-4. — CANONGE (Jules). L. aut. sig., 1836, 1 p. in-8, et le volume de ses poésies. — CARBON DE-MOUSTIER. Pièce de vers, aut. sig. à la reine, 2 p. in-4.—DARTOIS (Armand). P. aut. et billet aut. sig.— MOLLEVAUT. 2 pièces de vers aut. sig., 2 p. in-4. — PANIER (Félix). pièce de vers aut. sig., 2 p. 1/2 in-fol.

199. POETES ET **LITTERATEURS.** Douze lettres aut. sig.

    ARTAUD DE MONTOR, 7 lettres, 8 p. in-8 et in-4. — ANTONI DES-CHAMPS, pièce de vers à la princesse Marie, 1 p. in-4.—GINGUENÉ, 1810, 1 p. in-4.—SAINT-ANGE, traducteur d'Ovide, aux administrateurs du départ. de la Seine, an v, 2 p. in-fol.
    Demande du traitement de professeur de belles-lettres.

200. POMMERAYE (F.-F.), savant bénédictin, auteur de *l'Histoire de l'Eglise cathédrale de Rouen*, né en cette ville.

    L. aut. sig. à Luc Dachery. Rouen, 27 juillet, 3 p. 1/4 in-4.
    Relative à ses ouvrages.

201. LE MÊME.

    L. aut. sig. au même, 28 mars 1659, 3 p. pl. in-4.
    Envoi des deux premiers livres de son *Histoire de saint Ouen*.

202. **POMPADOUR** (la marquise de), célèbre maîtresse de Louis XV.
>   Billet aut. au duc de Nivernois. *S. d.*, 1/2 p. in-12. Cachet aux trois tours.
>   ..... Renouvellez mes hommages aux princes de Prusse, et revenez vite joindre vos dieux pénates et vos amis. Bonjour petit époux.....

203. **POUGET** (Fr. Aimé), prêtre de l'Oratoire, né à Montpellier.
>   L. aut. sig. à D. Mabillon et Ruinart. Montpellier, 23 février 1704, 3 p. pl. in-8.
>   Relative au bréviaire de Narbonne, auquel il travaille.

204. **RAMBOUILLET** (Cath. de Vivonne-Savelle, marquise de).
>   Contrat notarié, signé par elle, *Julie d'Angenne, duchesse de Montausier*, le duc de Montausier, etc. 10 septembre 1653, 3 p. in-fol.

205. **RANCÉ** (A.-J. Le Bouthillier), réformateur de la Trappe.
>   L. sig. à D. Mabillon, 11 septembre 1689, 2 p. pl. in-8. Enveloppe, et cachet bien conservé.
>   Charmante lettre de remercîments pour l'envoi que lui avait fait Mabillon de son *Traité de la Messe et de la Communion*.

206. **REPRÉSENTANTS DU PEUPLE** en 1848. Quarante-quatre lettres aut. sig.
>   ARAGO (Étienne et Em.). — BARBAROUX fils, 2 p. in-4. — BAS-TIDE. L. aut. et sig. et 2 l. sig. — BUCHEZ, 2 pièces. — CHAM-BOLLE. — PEUPIN. — REYNAUD (Jean). — THOURET (Antony). — TRÉLAT, etc.

207. **RICORD** (J.-F.), député du Var à la Convention.
>   L. aut. sig. à Saliceti. Nice, an II, 2 p. 1/2 in-4.

208. **ROMIEU** (A.), auteur dramatique et préfet.
>   L. aut. sig. au général Mutel. 1823, 1 p. pl. in-8, prose et vers.
>   Curieuse épître.

209. **ROUGET DE LISLE**, poëte, auteur de *la Marseillaise*.
>   L. aut. sig. à M. Perrotin. Choisy-le-Roy, 1833, 1 p. pl. in-8.
>   Il demande des nouvelles de Béranger.

210. **LE MÊME.**
>   L. aut. sig. au directeur Carnot. Paris, 12 prairial, an IV, 3 p. in-fol.
>   Très-belle lettre...... « Je suis votre ennemi, Carnot, parce que de tout temps vous m'avez paru être l'ennemi de la chose publique, et qu'il est des torts avec lesquels l'homme pur, le patriote irréprochable ne compose point jusqu'à leur entière expiation... » Il le félicite ensuite sur son changement de conduite, et l'engage à travailler de bonne foi avec ses collègues à comprimer les dernières convulsions de l'aristocratie et du terrorisme.

211. **LE MÊME.**
>   *L'Aurore d'un beau jour, ou Henri de Bourbon, prince de Navarre, comédie en deux actes, en prose, et mêlée de musique*. Manuscrit aut., 52 p. in-fol.

212. **ROUSSEAU** (J.-B.), poëte lyrique.
>   L. aut. sig. à la marquise de Villette. Vienne, 3 février 1717, 5 p. pl. in-4.
>   Détails sur la vie privée du jeune marquis de Villette, neveu de Mme de Main-tenon, alors au service de l'Autriche.

213. **ROY** (Pierre-Charles), poëte et auteur dramatique.
>   L. aut. sig. *s. d.*, 3 p. in-4, relative à son opéra *Les Augus-tales*.

214. **RUINART** (Don Thierry), savant bénédictin, né à Rheims.
>   L. aut. sig. à Ed. Martenne. Paris, 19 juin 1693, 3 p. in-4.
>   Relative à l'impression de son *Histoire de la Persécution des Vandales*.

215. **LE MÊME.**
>   L. aut. sig. à Claude de Vic. Paris, 20 avril 1709, 3 p. in-8.
>   Relative à la *Vie de Mabillon* et au 5e vol. des *Annales*.

216. SAINT-LAMBERT, poëte, de l'Acad. fr.

L. aut. sig. à Mme Agasse. Sanois, 1800, 3/4 de p. in-12.

217. SAINT-SIMON (Cl.-H., comte de), célèbre novateur.

Lettre et billet aut. sig., 1 p. 1/2 in-8.

218. SALICETI (Christophe), conventionnel et ministre.

2 l. aut. sig. Gênes, ans XI et XIII, 2 p. 1/2 in-4.

219. SAXE (le prince Maximilien de).

16 pièces relatives à son voyage en France en 1824 et 1825 : Lettres sig. des généraux DAMAS, ROTTEMBOURG, REIZET, COUTARD, PAPIN, etc.

220. SCHANNAT (Jean-Fréd.), célèbre historien, auteur de l'Histoire de Fulde, etc.

L. aut. sig. au R. P. D. Ruinart. Fulde, 16 décembre 1722, 4 p. pl. in-4.

Belle lettre relative à un ouvrage qu'il fait imprimer, à des manuscrits que Mabillon a passés sous silence, et dont il aurait pu faire usage dans sa *Diplomatique*.

221. LE MÊME.

L. aut. sig. au même. Fulde, 3 février 1722, 4 p. pl. in-4.

Très-belle lettre remplie de recherches pour son *Histoire des Conciles d'Allemagne*.

222. SEDAINE (Michel-Jean), auteur dramatique, de l'Acad. fr.

L. aut. sig. à M. d'Angivilliers, Paris, 1er septembre 1780, 1 p. pl. in-fol.

Il demande le payement de 5,200 livres d'appointements qui lui sont dus comme secrétaire de l'Académie, et sollicite une augmentation ou quelque pension.....
« J'ai donné vingt-deux ouvrages sur les différents théâtres, quinze ont été représentés sur le théâtre du roi et en sa présence; on m'assure que même la reine a bien voulu s'amuser de cinq de ces mêmes ouvrages.... »

223. SEGRAIS (Jean Regnauld de), poëte, de l'Acad. fr., né à Caën.

Reçu de 6 lignes aut. sig. Caen, 22 février 1684, 1/2 p. in-8. Rare.

224. SOBRIER, révolutionnaire, journaliste, rédacteur du journal la *Commune de Paris*, en 1848.

Bon signé de 200 listes du Comité révolutionnaire, avec le cachet de la Commune de Paris.

VIGOUROUX (Jean), révolutionnaire, condamné à mort pour les affaires des 5 et 6 juin 1832.

L. aut. sig. Paris, 1846, 3/4 de p. in-8.

225. SOULIÉ (Fréd.), romancier et auteur dramatique.

Le second Mari, article, aut. sig. 2 p. 1/2 in-4 d'une écriture serrée, avec ratures et corrections.

226. STAEL (la baronne de), célèbre femme auteur.

L. aut. sig. Coppet. *S. d.*, 1 p. pl. in-8.

227. STANISLAS, roi de Pologne.

L. aut. sig. au comte de Brancas-Cereste. Chambéry, 23 août 1726, 1 p. pl. in-4.

Relative aux subsides qui lui sont accordés par la diète, la France et la Suède.

228. STATUAIRES. Trois lettres.

FLATTERS. L. sig. au baron Fain, 1836, 1 p. in-4, et l. aut. sig. au roi. Paris, 1834, 1 p. in-4.

Toutes deux relatives à ses dessins pour le *Paradis perdu* de Milton.

GAYRARD (Raymond), statuaire et graveur.

Relative à la médaille qu'il a faite en commémoration du mariage de LL. MM. le roi et la reine des Belges.

229. TALMA (F.), illustre tragédien.

Projet de l. aut. avec ratures et corrections. Paris, 15 octobre 1810, 1 p. 1 2 in-4.

Il remercie une dame, qu'il nomme Iphigénie, des éloges flatteurs qu'elle a bien voulu faire de lui dans un de ses ouvrages.

230. TISSIER (le P. Bertrand), religieux de l'ordre de Cîteaux, prieur de l'abbaye de Bonnefontaine.

L. aut. sig. à D. Luc Dachery. Vaucluse, 23 avril 1664, 1 p. 1/2 in-4. Cachet.

Demande de divers renseignements pour son ouvrage *Bibliotheca patrum Cistercensium*.

231. TOURVILLE (A.-H.-C., comte de), célèbre amiral.

L. aut. sig. Niort, 9 mai 1696, 1 p. pl. in-4.

232. LE MÊME.

L. sig. Toulon, 22 août 1694, 4 p. pl. in-4.

Belle lettre remplie de détails militaires.

233. TURGOT (A.-R.-J., marquis de), célèbre ministre.

L. aut. sig. 31 juillet 1775, 1/2 p. in-4.

234. VALOIS (Louis Le), jésuite, confesseur des princes, petits-fils de Louis XIV, né à Melun.

L. aut. sig. à D. Luc Dachery. 27 novembre 1684, 2 p. in-4.

Il se plaint amèrement de D. Mabillon et de Don Germain, qui ont écrit contre lui.

235. VENDÉE ET BRETAGNE. Huit pièces.

DELABORDE (général). L. aut. sig., Rennes, 27 juillet 1806, 1 p. in-4. Annonce de l'arrestation de deux complices de G. Cadoudal. — CADOUDAL (Joseph), général, père de Georges. L. aut. sig. Vannes 1813, 1 p. in-4. — BOUVET DE LOZIER (général), complice de Georges. L. aut. sig. Nevers, 1821, 1 p. in-fol. — FREY (Joseph), chef vendéen, dit TRANCHE MONTAGNE. L. aut. sig., 1834, 1 p. in-8. — AUTICHAMP (le comte Charles d'), général vendéen. L. aut. sig. à la troisième personne, 1 p. in-4. — Bon de 50 livres de l'armée catholique et royale de Bretagne, à l'effigie de Louis XVII (fac similé), plus 2 portraits.

236. VIOLE (D. Daniel-Georges), bénédictin, né à Soulaire, diocèse de Chartres.

L. aut. sig. à D. Luc Dachery. Autun, 22 avril 1654, 3 p. pl. in-4. Cachet.

Lettre touchant les vies des saints Sigismond et Vidole, et le cartulaire de la cathédrale d'Autun.

237. VOLNEY (le comte de), philosophe, auteur des *Ruines*.

Notes autog. sur Spallanzani, 20 p. in-8.

228. VOLTAIRE (F.-M., Arouet de).

L. sig. avec la souscription aut. à Mancini-Nivernois. Ferney, 27 mai 1761, 3 p. 1/2 in-4.

Très-belle lettre toute relative à l'édition des œuvres de Corneille qu'il se propose de faire ; longs développements à ce sujet.

239. LE MÊME.

L. aut. au libraire Lambert, 1754, 2 p. pl. in-8.

Relative à l'*Abrégé de l'Histoire universelle*.

240. WASHINTON (Georges), général, fondateur de la République américaine.

L. aut. sig. en anglais, au colonel Humphrey, 1784, 1 p. pl. in-4.

Lettre d'amitié.

241. WELLINGTON (le duc de), généralissime des armées anglaises.

L. aut. sig., en français, à Mme DE STAEL. Paris, 2 novembre 1814, 1 p. in-4. Cachet bien conservé.

Il s'excuse de ne pouvoir aller dîner chez elle..... « Je serai trop fatigué pour pouvoir soutenir dignement les différentes attaques que vous me ferez sur les événements des derniers quatre ou cinq jours que je n'ai pas eu le plaisir de vous voir....»

241 bis. **ACADEMIE FRANÇAISE.** Cinq lettres aut. sig.
FONTANES, 1/2 p. in-4.—GUIZOT, 1 p. in-12.—HUGO (Victor), 1 p.
in-8.—SCRIBE, 1 p. in-8, et THIERS, 1 p. in-8.

242. **ARMIN** (Bettina), femme de lettres allemande, célèbre par
la passion qu'elle conçut pour Goëthe.
B. aut. sig., en allemand, Berlin, 1841, 1 p. in-8, en travers.

243. **ARTISTES DRAMATIQUES.** Quatre lettres aut. sig.
BIGOTTINI (E), 1/2 p. in-8. — DOZE (Aimée), 1/2 p. in-8. —
MARS (Mlle), 1 p. in-4, et NOURRIT (Adolphe), 1814, 3/4 de p. in-8.

244. **BALZAC** (Honoré), romancier.
L. aut. sig. à M. Gosselin, 1/2 p. in-4.

245. **BÉRANGER** (P. J. de), notre illustre chansonnier.
L. aut. sig. Passy, 1846, 2 p. in-8. Jolie lettre.

246. **BERRY** (Marie-Louise-Élisabeth d'Orléans, duchesse de),
fille aînée du régent, connue par ses déportements.
L. aut. sig. à M. Grobert, s. d. 1 p. pl. in-4. Cachet. *Rare.*

247. **BEYLE** (H.), dit *Stendhal*, littérateur.
L. aut. sig. COPONET; 1 p. in-8.

248. **BONAPARTE**, Premier consul.
P. sig. an XII, 1 p. in-fol. Cachet.

249. **BOULANGER** (Louis), peintre de genre.
L. aut. sig., s. d., 1 p. pl. petit in-fol.

250. **BROUGHAM** (lord Henri), célèbre littérateur et homme
d'état anglais.
L. aut. sig., en anglais, au marquis de Sémonville. Londres,
1833, 4 p. pl. in-4.

251. **BUFFON** (le comte de), illustre naturaliste, de l'Acad. fr.
L. sig. Montbard, 11 février 1788, 4 p. pl. in-4.
Relatives à des observations qu'il fait sur le *Calao.*

252. **CARRIER.** conventionnel fameux, décapité en l'an III.
Pièce aut. sig. Nantes, 11 frimaire, an II, 1 p. 1/4 in-fol. Vignette
et Cachet.
Ordre de fournir les subsistances nécessaires aux marins qui sont sur les bateaux
armés, stationnés sur la Loire pour empêcher le passage des brigands dans la
Vendée.

253. **CHAMISSO** (Adelbert), poëte, naturaliste et voyageur allemand, d'origine française.
L. aut. sig., en allemand, à Wilhem Neumann; Berlin, 1807,
3 p. 1/2 in-4.

254. **CHATEAUBRIAND** (le vicomte de), de l'Acad. fr.
L. aut. sig. à une dame, 1 p. in-8. Jolie lettre.

255. **COMITÉ DE SALUT PUBLIC.**
L. sig. de 4 de ses membres, COLLOT-D'HERBOIS, BILLAUD-VA-
RENNE, CARNOT et PRIEUR, à André Dumont; Paris, 19 niv. an II,
2 p. 1/3 in-fol.
Instructions données à André Dumont, envoyé dans les départements de la
Somme et de l'Oise, pour y organiser le gouvernement révolutionnaire. Curieux
document historique.

256. **COMITÉ DE SURETÉ GÉNÉRALE DE LA CON-
VENTION.**
Réquisition à la municipalité d'Amiens de faire mettre en Etat
d'arrestation les prêtres et les religieuses qui s'assemblent jour-
nellement dans des lieux notoirement connus; 28 août 1793, 1 p.
in-fol. Sig. *Bazire, Alquier, Laignelot, Lavicomterie* et *Guffroy.*

257. **COMPOSITEURS DE MUSIQUE.** Trois lettres aut. sig.
DONIZETTI, 1/2 p. in-8.—MEYERBEER, 3/4 de p. in-8, et SPONTINI,
1 d. in-12.

258. CONVENTION NATIONALE (membres de la).
DEBRY (Jean). L. aut. sig. 1810, 1 p. in-4. Cachet. — FRAN
CASTEL.—Pièce aut. sig. Nantes, an II, 1/2 p. in-4. — KERVÉLÉ-
GAN, l. aut. sig. à Goupilleau, 12 mars 1792, 2 p. in-4.

259. DIVERS. Quatre lettres aut. sig.
LEDRU-ROLLIN, membre du Gouvernement provisoire, en 1848,
1/2 p. in-8. — LEROUX (Pierre), publiciste et député, 1 p. in-4.—
SAND (Georges), célèbre romancière, 1 p. in-8, et SUE (Eug.),
romancier célèbre, 1 p. in-8.

260. DIVERS. Quatre lettres.
BORDA, mathématicien, p. aut. sig. 1778, 1/2 p. in-8.—DU PETIT-
THOUARS (Aubert), amiral, p. aut. sig., 1836, 3/4 de p. in-4. —
LA MEILLERAIE, maréchal de France, l. sig. Nantes, 1655, 1 p.
in-fol. Cachets et soie. — SIDNEY SMITH, célèbre amiral, l. aut.
sig. 1 p. 1/2 in-18.

261 DIVERS. Cinq lettres aut. sig.
COOPER, romancier, 1/2 p. in-8.—DEFAUCONPRET, traducteur
de Walter Scott, 1829, 1 p. 1/2 in-4.—DENON (Vivant), directeur
du Musée, 1 p. in-8.—GENLIS (Mme de), billet de 3 lignes aut. sig.
—PELLERIN, célèbre numismate, 1759, 1 p. in-4.

261. bis. DUMOURIEZ, général en chef, auteur de Mémoires.
L. aut. sig. Fontenay, 2 octobre 1791, 1 p. 1/2 in-fol.

262. EGMONT (Lamoral, comte d'), célèbre général de Phi-
lippe II, décapité à Bruxelles en 1560.
L. sig. avec la souscription aut. à M. de Loz, Bruxelles, 11 févr.
1560, 3/4 de p. in-fol. *Rare*, un mot déchiré.

263. FICHTE, célèbre philosophe allemand.
Billet de 4 lig. aut. sig., en allemand, in-8.

264. FOUQUÉ (le baron de La Motte), célèbre romancier allemand.
Pièce de vers aut. sig., 1828, 1 p. in-4.

265. FRANKLIN (Benjamin), l'un des fondateurs de la république américaine.
Pièce sig. Paris, 10 septembre 1777, 1 p. in-4.

266. FREDERIC-GUILLAUME III, roi de Prusse.
L. sig. à Esménard, 13 juin 1805, 1/2 p. in-4. Jolie lettre.

267. GELLERT (Christian), célèbre fabuliste et littérateur allemand.
L. aut. sig. GELRT, en allemand, 3 p. in-4. Jolie lettre.

268. GENERAUX. Trois lettres.
HOCHE, ampliation sig. d'une lettre du 4 ventose an IX, annon-
çant la pacification de la Vendée, 1 p. 1/2 in-fol. — MOREAU (V),
apostille de 10 lignes, aut. sig. au bas d'une lettre du général
Dessolles. — PICHEGRU, l. aut. sig. an III, 1 p. in-8, un peu fati-
guée.

269. GOETHE, illustre poëte allemand.
Billet de 3 lignes, aut. sig. 1811, 1/2 p. in-4.

270. GRESSET (J. S. L.), poëte, de l'Académie française.
Projet de lettre aut. à Mlle Sylvia, janvier 1749, 1 p. 1/2 in-12.
Relatif à une comédie qu'il veut faire jouer après avoir été soumise à Mlle Sil-
via, M. Riccoboni et M. Deshée. Une légère déchirure.

271. HAENDEL (G. Frédéric), illustre compositeur de musique,
surnommé en Italie *le Saxon*.
L. aut. sig. en allemand, à J. G. Faust; Londres, 1750, 2 p.
in-4. Légère déchirure.

272. HEGEL, célèbre philosophe allemand.
L. aut. sig., en allemand; Berlin 1828, 1 p. in-8.

273. **HORTENSE BEAUHARNAIS**, reine de Hollande.
L. aut., 4 janvier 1815, 3/4 de p. in-12.

274. **HOUWALD** (Christ. Arnst, baron de), l'un des bons poëtes de l'Allemagne
L. aut. sig., en allemand, 1823, 1/2 p. in-4.

275. **JASMIN**, poëte coiffeur, d'Agen.
Fragment aut. sig. de sa pièce. *A Nimes*, dédiée à Jean Reboul, 1848, 3 p. 1/2 in-8.—Reboul (Jean), poëte boulanger, 6 vers aut. sig. 1848, in-8 en travers.

276. **JOURDAN** (J. B.), maréchal de France.
L. aut. sig. à Kléber, armée de Sambre et Meuse, an iii, 1 p. 1/2 in-fol., tête imprimée. Belle lettre.

277. **KLENZE** (Léon), célèbre architecte auquel Munich doit la construction de sa magnifique *Glyptothèque*.
L. aut. s. à Depping , 1 p. 1/3 in-8.
Demande de la *Vie* et des *Rêveries du maréchal de Saxe.*

278. **LAFAYETTE** (le marquis de), général et député.
2 L. aut. sig., l'une en français, Vienne, an vii, et l'autre en anglais, 1830, 2 p. in-4.

279. **LAGRANGE** (J. L.), célèbre géomètre, de l'Institut.
L. aut. sig., 1781, 1 p. in-8.

280. **LAVATER** (Gaspard), créateur de la science physiognomonique.
L. aut. sig., en allemand, à la duchesse de Wurtemberg; 26 janv. 1789, 3 p. in-4. Enveloppe et Cachet. Avec la réponse aut. sig. de la duchesse, 3 p. in-4.
Le commencement de la lettre de Lavater parait manquer.

281. **MARÉCHAUX DE FRANCE.** Trois lettres aut. sig.
Bertrand, 1808, 1/2 p. in-4.—Moncey, 1829, 1 p. in-4, et Serurier, an ix, 1 p. in-4.

282. **MAUPERTUIS**, géomètre célèbre , de l'Acad. fr.
L. aut. sig. Postdam , 1755, 1 p. in-4.

283. **METTERNICH** (le prince de), célèbre ministre autrichien.
L. aut. sig., en français, 1811, 1 p. in-4.

284. **PALMERSTON** (lord), célèbre ministre anglais.
L. aut. sig., en français, 1838, 1 p. 1/2 in-8.

285. **PARIS** (le comte de), fils de Ferdinand d'Orléans.
Thème anglais, autog. avec corrections du prince de Joinville, 2 p. in-4.

286. **PEINTRES.** Trois lettres aut. sig.
Delaroche (Paul), 1 p. 1/2 in-8. Cachet. — Granet, 1826, 1 p. in-8, et Gudin, 1 p. in-12.

287. **PELLICO** (Silvio), l'auteur de *Mes prisons*.
Pièce aut. sig., *s. d.*, 1 p. in-8.

288. **RACHEL** (Mlle), célèbre tragédienne.
L. aut. sig., 1843, 1 p. 1/2 in-8.

289. **RAUCOURT** (*Saucerotte* de), illustre tragédienne.
L. aut. sig. à André Dumont, s. d., 1 p. in-12.

290. **RAVIGNAN** (X. de), célèbre prédicateur.
L. aut. sig. 1 p. in-8.

291. **REPRÉSENTANTS DU PEUPLE** en mission dans les départements. Trois lettres ou pièces aut. sig.
Bourbotte, arrêté daté de Nantes, an ii, 1 p. 1/2 in-fol. Cachet. —Goupilleau (Ph.-Ch.), l. aut. sig. à ses collègues à Toulon; Orange, 11 prairéal, an ii, 2 p. in-fol. relatives à la situation du département de Vaucluse. — Lequinio, arrêté, aut. sig., Nantes, an ii, 1 p. in-fol. Cachet

292. ROIS et REINES DE FRANCE. Huit pièces signées sur vélin.   *21*

      Louis XII, François Ier, Henri II, Henri III, Henri IV, Charles IX, Marguerite de Navarre, femme de Henri IV, et Marie de Médicis.

293. SADE (le marquis de), auteur de *Justine*.   *1*

      L. aut. sig. à Goupilleau de Montaigu, an VII, 1 p. pl. in-4.

294. SAINT-PIERRE (Bernardin de), auteur de *Paul et Virginie*, de l'Académie française.   *8*

      L. aut. sig. 1812, 1 p. in-8. Tachée d'eau.

295. SAPINAUD, général vendéen.   *10 . 10*

      Permis aut. sig., à deux individus, de s'en retourner chez eux; à La Vérie, le 19 août 1794, l'an II du règne de Louis XVII, 1/2 p. in-4.

296. SAVARY, duc de Rovigo, général, ministre de la police.   *32*

      Note aut. sig., 1 p. in-4.

      « L'Empereur avait lu dans un bulletin de police de 1813, que j'avais fait arrêter des individus qui, après avoir été déportés à la suite de l'affaire du 3 nivose, avaient pris la confiance de revenir à Paris, où ils vivaient en paix. L'Empereur m'écrivit de les faire mettre sur le champ en liberté; sa lettre finissait par cette phrase : *C'est déjà trop de mon arbitraire en France, sans y ajouter le vôtre, que cela ne vous arrive plus.* »

297. SHELLING, illustre philosophe allemand.   *2*

      B. aut. sig., en allemand, à Ravaisson; 1|3 de p. in-8.

298. SCHLEGEL (Fréd.), poëte et critique allemand.   *1*

      1° L. aut. sig., en allemand, 1829, 1|2 p. in-8.
      2° Pièce aut., en allemand, 12 mars 1806.
      3° 20 p. pl. in-8, article littéraire.

399. SOUVESTRE (Émile), poëte et romancier.   *3*

      Le Sire de Gaël, pièce de vers aut., 9 p. 1|2 in-4.

300. TALMA, tragédien célèbre.   *14*

      L. aut. sig., s. d., 1 p. pl. in-8. Tachée.

301. VOLTAIRE (Arouet de), notre illustre polygraphe.   *23*

      Fragment de *la Pucelle*, de la main de Wagnière, avec une lettre aut. sig. V., de 12 lignes in-4 au bas de la pièce.

302. VIGNETTES RÉPUBLICAINES (collection de), au nombre de 600, de divers formats, in-4 et in-fol.   *12*

Renou et Maulde, imprimeurs de la Compagnie des Commissaires-Priseurs, rue de Rivoli, 144.   0000

www.ingramcontent.com/pod-product-compliance
Lightning Source LLC
LaVergne TN
LVHW020641180726
843502LV00006B/2180